庭仁羊 김횐구의 제11시집

싯다르타

庭仁羊 김훤구의 제11시집
싯다르타

초판 1쇄 인쇄 2010년 12월 28일
초판 1쇄 발행 2010년 12월 31일

지은이 | 김훤구
펴낸이 | 손형국
펴낸곳 | (주)에세이퍼블리싱
출판등록 | 2004. 12. 1(제315-2008-022호)
주소 | 157-857 서울특별시 강서구 방화3동 316-3번지 한국계량계측협동조합 102호
홈페이지 | www.book.co.kr
전화번호 | (02)3159-9638~40
팩스 | (02)3159-9637

ISBN 978-89-6023-520-5 03810

이 책의 판권은 지은이와 (주)에세이퍼블리싱에 있습니다.
내용의 일부와 전부를 무단 전재하거나 복제를 금합니다.

庭仁羊 김훤구의 제11시집

싯다르타

김훤구

작은 변명

책을 읽다가 새로운 것을 알았을 때 심봉사인 나는 눈을 뜬다
시시한 일상에서 찾아낸
인생의 의미나
삶의 가치
소박한 즐거움은 세상이 써 놓은 시다
내가 시를 쓰는 것은 이런 숨은 뜻을 찾아내어
독자와 나누어 그 감동을 함께 하는 것이다
밥통에 밥이 있어도 담을 그릇이 없으면 곤란하다
나는 그 밥을 담는 그릇 같지도 않는 그릇인지 모른다
그러나 거기에 담은 게 나다
밥은 기어이 쌀밥이거나 구수한 빵이 아니어도 좋다
떡이면 어떻고 고구마면 어떠랴

이것도 저것도 다 싫고 막걸리 한 사발이 최고인 사람도
있으리라
시인이 백 명이면 백 가지 시론이 있으리라
나는 내가 반한 것을 쓰고 그것을 나누어 감동을 함께한 게
가난한 사랑이요 자비다
한사람이라도 좋다
"그렇지, 맞아"하고 감동을 함께 한 사람이 있으면
마치 골리앗을 돌로 친 다윗처럼 당당하리라
그리고 작은 미소에다 나의 왕국을 건설하리라

현대시를 써보고 싶어도
차원 다른 분석과 결합이 어려워 못 쓰고
나는 시도 수필도 아닌 그런 시를 쓴다
다만 사소한 일상에서 일어난 일들이

곱씹을수록 의미가 깊고 감동을 주는
시를 쓰고 싶었으나 그것도 어렵다
남이 읽어 주기를 바라서가 아니라
그저 쓰고 싶어서 쓴다
겨울에 노인네 새참 홍시가
어디 처음부터 홍신가
떫은맛이
물컹하고 달디 달게 익어 단맛을 내듯이
내 시에 단맛을 내 가는 거다
그리고 인간으로 사는 거다

2010년 12월

김횐구

차례

바위에 내린 꽃잎 ·········· 15
황혼은 불탄다 ·········· 16
떨어진 꽃잎 ·········· 17
물거품 인생 ·········· 18
빗방울 ·········· 19
알사탕 ·········· 20
거울 ·········· 21
신발 꺼내기 ·········· 22
관광 자원 ·········· 23
조개 ·········· 24
그냥 가지 않는다 ·········· 25
상추쌈 ·········· 26
여기서 살련다 ·········· 27
육십 년 만의 오늘 ·········· 28
어찌 작으랴 ·········· 29
네가 한일을 즐겨라 ·········· 30
해금 ·········· 32
구룡연에서 ·········· 33

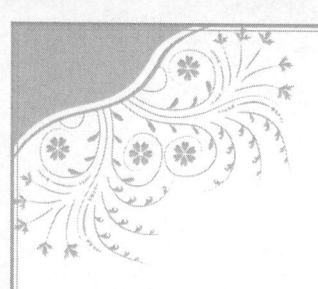

눈동자 ······ 34
첫사랑 ······ 35
미소에다 지은 궁전 ······ 36
어제만 같은데 ······ 37
가을 잔디밭 ······ 38
차라리 ······ 39
내가 사랑해야 할 사람 ······ 40
꽃비가 온다 ······ 41
매화 ······ 42
연못가 벤치에서 ······ 43
의자 ······ 44
한센인 부부 순애보 ······ 45
마리 테레즈 ······ 47
아네모네 ······ 49
매향 ······ 50
아기 ······ 51
내 어머니 ······ 52
젖을 주며 ······ 54

상속자 ····· 55
장모님 ····· 56
나는 그 말을 못합니다 ····· 58
처복이 있는 남자 ····· 59
빨래 ····· 60
불행한 행복 ····· 61
고운 꿈을 고르라 ····· 62
은수저 한 벌 ····· 63
생일 봉투 ····· 65
서민의 명절 ····· 66
귀뚜라미 ····· 67
아버지를 쏜 아들 ····· 68
전쟁이 가져나 준 평화 ····· 70
썩은 감자 ····· 71
2024년 ····· 72
식민지 ····· 73
독도 ····· 75
이어도 타이틀매치 ····· 77

선거에 목숨을 건 이유 ········· 79
친구를 괴롭힌 친구 ········· 81
슈퍼마켓 ········· 82
하늘과 인간 ········· 84
유자돈 ········· 85
불행을 행복으로 바꾸기 ········· 86
이웃 ········· 87
인생역전 ········· 89
권력무상 ········· 91
나를 작게 한 사람 ········· 92
마을 형님 ········· 93
집 ········· 94
한 번 가보고 싶다 봉평에 ········· 95
털도 안 난 벤츠 ········· 96
날마다 성탄절 ········· 97
마태복음 4장 1~4절 ········· 99
베드로 ········· 100
마태복음 18장 ········· 101

지상에 내려온 천국 ········ 103
싯다르타 ········ 104
염화미소 ········ 107
풍경소리 ········ 108
관세음보살상 ········ 110
온갖 사물에 써진 불경 ········ 111
오렌지재스민 ········ 112
그 말이 잊혀지지 않는다 ········ 113
지옥이 없습니다 ········ 114
나와 더불어 사는 나 ········ 115
지금은 포란 중 ········ 117
어떡해 ········ 118
웃을 수 있어요 ········ 119
도리도리 ········ 121
반찬 붙인 날 ········ 122
코미디언 이주일 ········ 124
안데르센 ········ 125
룰라 브라질 대통령 ········ 126

찰스 피니 ········· 128
연못가에서 ········· 129
뻐꾸기가 울지 않는다 ········· 130
장욱진 화백의 그림 '아이' ········· 131
단풍잎 ········· 132
사막의 진행 ········· 133
달팽이 ········· 134
두꺼비 두 마리 ········· 135
죽은 붕어 ········· 136
능가사 편백숲 ········· 137
안개 낀 소록도 ········· 138
제3시대 ········· 139
고흥김치 ········· 140
야누스 코르작 선생님 ········· 142
자전거 교실 ········· 143
사람은 사람이 된다 ········· 144
중환자실에 가서 물어 보세요 ········· 146
울 아빠 ········· 148

싯다르타

싯다르타

바위에 내린 꽃잎

바위에 내린 꽃잎
그 부드럽고 고운 발로
사뿐히 밟아 내리면서도
꽃잎은 고민한다

바위가 놀라면 어쩌나
떨어진 자리 상처 나면 어쩌나
흔적남아 더러우면 어쩌나
오래 머물러 피해를 주면 어쩌나

바위는 등을 내주고
꽃잎이 말타기를 하는
이 좋은 풍경을 보려고
석양빛이 기웃거린다

황혼은 불탄다

조금 후에
어둠속으로 사라질지라도
너와 난 껴안고 사랑하기에
황혼은 불탄다

떨어진 꽃잎

보아라
버림 받고
짓밟혀

뼈가 부러지고
살이 으깨지고
피멍이 번진 고통 속에서도

짓밟는 발에까지
향기를 나누어 준
꽃잎 사랑을

물거품 인생

어쩌다 물에서 태어난 물거품
한줄기 햇살을 만나 무지개 하나 그렸다 하면
어느새 물에서 물로 돌아가고 없는
있는 것도 없는 것도 아닌 물거품

빗방울

차가운 손으로
유리창을 두드리다 떠나는
빗방울을 바라본다

나도 언젠가는
생명의 창을 두드리다 떠나는
빗방울이리라

알사탕

나더러
이빨도 안 들어가게
단단한 놈이라고
말하지 말라

속삭여 주던
그 혀 위에 올려주고
뜨거운 입술
서로 만나면

흔적도 없이
나를 버려
그대 한세상
달디 달게 하리라

거울

왜 전화를 안 받으셨어요
그게 아니고요
목욕 갔다 왔어요

아, 잘못했다
내가 그 목욕탕 집
거울이어야 하는 것을

신발 꺼내기

바르게 놔도
지가 뒤집어
엎어진다

아무렇게나 놔도
지가 뒤집어
바르게 놓인다

운명은
타고난 게 아니라
자기가 만든다

관광 자원

유명한 관광지는
미국의 그랜드캐니언도
중국의 장가계도 아니다

오스트리아의
잘츠부르크에 모여든
수백만 명의 관광객

모차르트가 사용한
머리빗
그것을 보려고

조개

뻘에 묻혀 산 조개
수천 년의 역사를 지닌
모래알 하나를 안고
괴로워하더니
그 아픔으로 진주를 키웠다
면류관에서
영광을 노래한

그냥 가지 않는다

떨어진 낙엽도
그냥 가지 않는다

뼈가 썩어 흙이 될 때까지
사랑하지 않았다면

더덕 순이 풀어내는 한약 내음은
어림도 없다

상추쌈

남새밭에서
상추 한 줌 뜯는다
이 시골에서
나와 함께 살아간 상추
푸덩푸덩 살지다

저 상추 잎에 든
바람의 피
햇살의 입술
이슬의 속삭임이
내 육신이 되는 기적이다

여기서 살련다

허리가 날씬한 능선에
흰 구름 한가롭고

골짜기 맑은 물에
은비늘 반짝인다

푸름이 살진 들에서
땀 흘리는 즐거움

망사치마에 속살 비친 솔바람이
청 치맛자락 차며 들어온다

풀잎에 이슬처럼
간단하고 아름다운 삶은

미소가 예쁜 널 닮아서
여기서 살련다

육십 년 만의 오늘

전사자 통지 받고
제사까지 지냈는데
살아 살아계시다니
육십 년 만의 오늘이
꿈이냐 생시냐
만져보자 비벼보자

바람에 날리는
민들레 씨조차도
제 살 곳을 찾아가
꽃피고 씨 맺는데
민족이 민족을 묶어
민들레보다 못할 수야

어찌 작으랴

어찌 작으랴
모래알 하나에 우주의 역사가 있고
먼지 하나에 지구가 매달려 있다
콩알 하나에 생명의 종자가 있으며
작은 꽃향기에 신의 축복이 있다
세포 속 전자에 지구의 자전속도가 있고
한마디 말에 영혼의 비밀이 있다
나비의 날개바람에 태풍의 씨가 있고
한 번의 윙크에 한 인간의 미래가 있다
매화 꽃 한 송이가 온 세상에 봄을 알리고
바닷물 한 방울에 대양의 맛이 있다
한 방울의 피에 태양의 속살이 흐르고
입가의 작은 미소에 천국이 이사 온다
성냥불 한 개비가 수억 년의 어둠을 쫓고
코끝 한 호흡에 이승은 저승이다
한 걸음이 천 리요
하루가 백 년이다

네가 한일을 즐겨라

인생을 즐기려면
네가 한일을 즐겨라

인기가 있고 싶으면
네가 한일을 즐겨라

땀 흘려도 고되지 않으려면
네가 한일을 즐겨라

알아주지 않아도 걱정이 없으려면
네가 한일을 즐겨라

돈벌이가 되지 않아도 무방하려면
네가 한일을 즐겨라

자존심을 세우려면
네가 한일을 즐겨라

가난해도 넉넉하려면

네가 한일을 즐겨라

그 분야에 최고가 되고 싶으면
네가 한일을 즐겨라

후회 없이 살고 싶으면
네가 한일을 즐겨라

해금

해금 두 줄
한 번 울려
자기를 알리고
흐느끼는 가슴 나누는데

내 가슴 떨려
그대 가슴 흔들지 못한다면
끊어진 줄
소리 없는 노래

구룡연에서

가까이 가지 못하겠다
등 뒤에서 봐야지

맑고 푸른 업경대인가
뱃속까지 비춰낼 것 같아

눈동자

눈동자는 마음의 거울
내가 누구를 사랑하는지
알고 싶거든
내 눈동자를 보라

거기에 있는 그 사람은
내가 사랑한 사람
눈동자에서 살다가
가슴에서 살다가

첫사랑

내가 너를 사랑할 때
내 목이 필요하다 하면
내 목을 잘라 주어도
아프지 않을 것 같았다

내게서 나는 없고 너만 있을 때
내 목숨을 네게 주어
네가 두 배로 살수 있다면
내가 죽어 줄 수 있었다

미소에다 지은 궁전

그대의 작은 미소 반쪽만 주어도
나는 그 미소에다 궁전을 짓고
그대가 주신 고독과 나란히 앉아
나비를 맞이한 꽃을 바라보리라

그대의 핑크빛 윙크 하나만 주어도
땅의 발은 무지개 위를 걷고
폭포를 타오른 백룡을 바라보며
그대 앉을자리 하나 비워 두리라

어제만 같은데

웃으며 만지는 시늉만 해도
몸이 젖던 너

귓불에 콧바람만 스쳐도
신음하던 너

만나면 두려우면서도
겁내지 않던 너

아, 그립다
어제만 같은데

나는 벌써
멀리 와 있다

가을 잔디밭

여위고 마른 몸에
아침에까지
서릿발에 시달리던 잔디

등 굽은 낙엽 찾아오니
그늘을 다 걷어내고
한 낮에 햇살을 모아주고 있다

차라리

잘못했다 잘못했어
네가
꿈에조차 찾아오지 못할 바엔
차라리
내가 네 꿈에 찾아가
한 베개에 잠들 것을

내가 사랑해야 할 사람

예쁘고
멋있고
똑똑하니까 사랑한다면
나를 반만 사랑한 사람

못나고 서툰
약점까지 사랑한 사람은
내가 통째로 사랑해야 할 사람

꽃비가 온다

젖꼭지 부푼 꽃봉
빗방울의 시선만 받아도
아파하고 간지러워한다

어제 온 봄비에
포동포동 살 올라
곡선이 탐스럽다

꽃비를 맞으며
초저녁부터 아침까지의 비밀
탱탱하여 터질듯

매화

하루를 더 살게 해 준다면
섬진강에 가리라
매화를 보려고

꼭 하나만
고르라고 하면
매화를 고르리라

찾아온 달빛의 품에서
밤새도록
향기롭게 떠는

연못가 벤치에서

바람이 물결을 흔들고
그림자가 연잎을 그리는
그리 좋은 풍경에서조차
가슴속에 너를 만난 나

의자

온갖 사물은
제 각각인데
본성은 하나다

자기를 완성하고
죽은 나무로 살아도
편히 앉게 돕고 사는

한센인 부부 순애보

소록도 나병원 한센인 부부
할아버지는 시각장애인
할머니는 중풍환자
오 분 거리 병동에
지팡이로 더듬어 반시간
찾아가면 잡아주는 손
불러주는 하모니카

맨 날 봐도 맨 날 보고 싶고
매일 만나도 매일 새로워
만날 때마다 처음 만나
연애할 때 같고
갈려고 하면 더 머물고 싶고
잠을 자도 꿈에 만나기 위해 자고
이별이 싫어
내가 먼저 죽어버리고 싶은

시력을 잃었으니까
마음으로 보고

잠을 자도
내일 또 만나기 위해서 자요
꿈은 장님이 아니니깐
찾아와 베갯머리에서 만난 날은
그리 즐거운 날
그렇게라도 만날 수만 있다면
한센인이면 어때

마리 테레즈

피카소의 넷째 부인
마리 테레즈

검은 선에 의해
한 얼굴에 두 얼굴
왼쪽 얼굴은
순결한 백색
오른쪽 얼굴은
사랑이 넘치는 분홍빛

저 부드러운 곡선에서 태어닌
우아한 마리 테레즈
피카소의 고통까지
잠재우고 있다

꿀물 흐르는 몸매여
터질 듯한 입술이여
의자에 앉아 졸 때도
눈감은 유혹이여

잠든 입술에 입 맞추다
살며시 뜬 눈에
들키고 싶다

아네모네

꽃의 여신 폴로라
그녀의 시녀 아네모네
현기증 난 미모의 아네모네
폴로라의 남편이자
바람의 신 제프로스
아네모네와 사랑에 빠진다

그녀를 질투한 폴로라
아네모네를 꽃으로 만들었다
아네모네를 못 잊는 제프로스
봄이 오면
아네모네를 꽃 피우고
부드러운 바람이 되어 안긴다

매향

매화 곁을
무심코 지나치면
기척도 내지 않는다

가지를 잡아 코를 대면
그제야 알몸으로 누워
비밀을 내놓고 신음하는 향기

탄력은 촉촉이 물컹하고
코에서 정수리로 떠도는
살 내음에 취한다

눈을 감아 안기다가
일행을 놓쳐버려도
차마 매화를 떠날 수가 없다

아기

너무나 예뻐
팔뚝을 깨물어 주고 싶다
아파 울면 어떡해
이빨 자국을 어떡해
어쩌면 좋아
저리나 예쁜 걸

깜찍한 웃음
내가 안을 수는 없을거나
엄마가 싫다 하면
아기가 간다 하면
어떻게 할까
더 안고 싶은데

내 어머니

어머니, 어머니, 내 어머니
기뻐도 내 어머니
슬퍼도 내 어머니
내가 병나면 당신이 먼저 아프시고
내가 배고프면 당신이 먼저 배고프신 어머니
내가 슬프면 나보다 먼저 가슴이 미어지고
내가 기쁘면 나보다 먼저 춤추신 어머니
가까이 있을 때도 난 어머니 가슴에서 살았고
타향객지에서도 난 어머니 가슴에서 살았습니다
자기 가슴이면서도
자기를 위해 애태우신 적 없고
자기 눈이면서도
자기를 위해 눈물 흘린 적 없으신 어머니
손금이 닳아져 운명이 바뀌어도
자식 위한 일이라면
기어이 자기가 해야 맘 놓이고
추운 겨울 손마디 벌어져
찬물방울이 칼보다 아파도
표정엔 상처 하나 없으신 어머니

살아생전 자식 위해 애 태우신 가슴
무덤에까지 가져 가셔도
원망도 없으신 어머니
당신 위해 해드린 건 겨우 무덤 하나뿐
그 무덤 편안하신지

젖을 주며

젖꼭지 물려

젖으로 채운 아기 배

젖통이 줄어들게 주고는

주는 것도 즐거워

옷깃을 접어 올린

이마의 머리카락 걷어 올리며

젖 먹는 모습 바라보는 행복이여

이토록 사랑스러운 모습

그 어디에서 또 볼거나

젖꼭지 뺀 입술

송긋송긋 웃는다

베개 속을 고르고

사슴 요에 재운 미래여

상속자

환갑을 넘은 나는
재산을 상속시켜 주는
아버지가 아니다
상속받을 아들이다

내 삶이
남에게
베풀어 살았으면
천국을 상속받을 것이요

내 삶이
남을 억울하게 하고
손해 보게 했으면
지옥을 상속받을 것이니

장모님

장모님 모신지 십칠 년
처음으로 병이 났다
입원한지 한 달 일주일
알부민 주사에 화색이 고우시다
나를 보자마자
"좋고 좋은 내 사우야,
밥 채려줘야 할 건디"하시더니
다음 주에 돌아가셨다
가난한 마음에 뿌린 칭찬
수확은 당신이 하시길

제사상 영정을 바라본다
고생해도 내색 없으시고
철없는 나를 조심해 주시고
어서 잘 살라고 새벽잠을 설친
장모님

부디 이곳의 백 년이
그곳의 한 시간인 도솔천에서

새색시 때의 고운 얼굴로
하늘 꽃을 따며
영생하시길

나는 그 말을 못합니다

아리고 저려
잠을 못 자도
그 말을 못합니다
당신이 알면
나보다 더 아파하다가
근심에서 병이 나면
나는
내 병과 당신 병을
함께 앓아야 하니까
아파도 말 못한 눈물이
방바닥에 떨어지면
당신 몰래 손가락으로 지웁니다
눈물을 보면
눈물에 빠져
허우적거릴 당신
내가 아프다는 말을
들어주는 당신이 있다는 것만으로도
나는 늘 낫곤 한답니다

처복이 있는 남자

남편이 왕이 되면
부인이 왕비가 되는데
반에 반장 한 번 못해보고
자랑은 씨종자도 없는 남자
여행 한 번 못 보내고
화장품 한 통 못 사줘도
온 세상에 남자는 하나
당신뿐이라나
무참을 주어도
따지거나 대들지 않고
밀이 거칠 때는
그건 당신의 노랫말
귀 씻어 버린 듯
섭섭해 하지도 않고
화낸 남자만
스스로 못나게 한
한 여자와 결혼하여
세 여자와 함께 산 듯

빨래

빨래를 하려고
옷을 모으니
남편의 옷에서 난
땀 냄새
우리 가족을 위해
행복을 위해
짜디짠 고생의 강을 건넌
땀 냄새
샤넬향수보다 짙고
지방시보다 짙은
삶의 향기
우리가
이 땀 냄새를 먹고 산다
빨래를 헹구어 널어놓으니
바람도 내 마음 아는지
햇살이 골라낸 물방울을
옷자락 끝에서 털고 있다

불행한 행복

야, 그러지 마
바쁘고 힘들고
복잡하게 살 필요 없어
그런 그녀의 행복은
찜질방 머리방
그리고 모텔이다

베풀어 살기를 좋아해
땀방울을 훔친 사람은
남편 챙기기
자식들 위해주기
시부모 모시는 일이
그러나 행복하다는데

고운 꿈을 고르라

화분에서 익은
레몬 세 개를 따서
네게 보낸다
익으면 익을수록 진한 향기
베개 맡에 두라
그 향기 아빠의 사랑이니
그 사랑 속에서
고운 꿈을 고르라
복사꽃 밭에 안개 자욱한

은수저 한 벌

북한의 거물급 인사가 넘어온
그해 겨울
일본 놈 순사보다 더 독하다는
만주벌판 바람이
날을 세운 임진강 강둑에서
옷이 얼어 콕콕 쑤시고
발가락이 있는지 없는지 모른
교대도 없는 야간보초
열두 시간씩 석 달을 서고
휴가 온 아들
마르고 거친 얼굴을 보니
몸에 소름이 돋고
피에 고드름이 언다
그런 군인봉급으로
아버지 생신이라 사 보낸
은수저 한 벌
울컥 눈물이 난다
다이아몬드와 황금은
그 수저 곁에서

빛을 잃는다
나에게는 은수저가 한 벌 있다
내 인생에서 처음이자 마지막인

생일 봉투

생일 봉투를 내민 아내
신권으로 바꿨단다
운수대통 하라고
당신의 피로 만든 돈이니
안 받겠다고 해도 한사코
문갑위에 올려놓는다
주면서도 사정하는 저 정성
얼마나 궁리하다
저 봉투를 만들었을까
너무 고마워서
넣고만 다니지
쓰지 못할 것 같은

서민의 명절

추석대목 밤 9시
여인의 목소리
사과 배 포도 방울토마토요
스피커에서 외쳐댄다

추석대목 새벽 3시
남자 목소리
꿀사과요 설탕사과요
스피커에서 외쳐댄다

눈감으면 거기가 침대
눈 뜨면 밤중도 아침
저렇게 해서라도
먹여 살려야 할 가족이 있다

귀뚜라미

생손앓이가 나
잠을 못 자는데
시끄럽게 울어댄다고
모기약을 뿌려버렸다
아침에 일어나 보니
방바닥에 나뒹굴어 있다
살아있다
발을 까딱인다
살라고
문밖에다 던져 주었다
풀밭에다 던져줄 걸 잘못했다 싶어
다시 찾아도 없다
부디 살아서 너의 노래
고운 단풍빛 이 길

아버지를 쏜 아들

하미드 아마드 (52)
이라크 공군 준위
후세인 정권 때
반정부 발언을 해
칠 년 감옥살이
영어를 잘한 그는
미국은 해방군
미군부대에서 일하며
미국 이민을 꿈꾼 그가
2010.6.18일 새벽
이라크 중부 사마라 자택에서
총에 맞은

그의 아들 압둘 하미드(32)
미국에 맞서 싸우는
수니파 반군 대원
AK-47소총으로
아버지를 살해
5000$(600만원)을 살해금으로 받았다

전쟁은 이라크와 미국이 아니다
아들이 아버지를 쏜 것이다
영웅이라고 상금도 받고

전쟁이 가져다 준 평화

전쟁이 가져다 준 평화
죽은 아버지를 땅에 묻은 날
통곡하는
엄마의 바짓가랑이를 잡고
눈물 콧물 범벅되어
엉엉 우는 네 살짜리
팔레스타인 소년의 눈물

썩은 감자

감자 하나에
검은 곰팡이가 피더니
썩는다
옆에 하나도 썩더니
여기저기 썩어
다 썩는다
병든 감자는
아깝다 싶을 때부터
없애야 한다
하나가 썩으면
어느새
성한 게 없다

2024년

2024년
통일이 되면
그때 난
무덤에 있으리라
해골은 귀를 열어 듣고
기뻐하리라
그리고 웃으리라
해골의 눈에서 쏟아진 눈물
그 소금기 있는 짠 눈물로
이 나라 통일을 저려 두리라
바닷물에 염분이 없을 때까지

식민지(植民地)

정복한 나라에다
정복자의 국민을 이주시켜
살게 한 땅
정복한 나라의
일체의 주권을 빼앗고
산물을 수탈하고
영원히 자기 나라를 만들기 위해
생명 언어 문화 종교를 짓밟고
유물을 도적질하고
남자들은 총알받이
강제노역으로 죽이고
여자들은 종군위안부
생체실험대상
수탈과 착취가 극에 달해
목구멍에 거미줄 치고
배가 등에 붙어버린
혹독하고
조직적이며
유래가 없이 잔인한

식민통치를 펼치면
저들의 친절은
화려한 독버섯이요
대가리에 뿔난
개를 본다

독도

일본의 우익단체
오기를 부릴 수도 있다
미칠 수도 있다
독도에 기어오를 수도 있다

일본이 끈질기게 억지 부리고
비겁한 줄 알면서도
주장하고 준비하는 건
다 이유가 있다

독도는 바위섬이 이니다
태평양의 전진기지요
국토수호의 요새요
자원의 보고다

철저히 준비하라
조용히 정당한 논리로
어느 국제법에도 당당하게
펜은 칼보다 무섭다

펜 하나로
이 나라와 세계평화를 지킨 그는
별 여섯 개 육성장군이다
국방비를 지급하라

이어도 타이틀매치

이어도
배타적 경제수역에 대한
타이틀매치

비장의 카드를 마련하라
커지고 있다
위압적이다
치밀하다

중국과
특설 링에서
두 개의 타이틀을 놓고
양자 대결의 시합이 붙었을 때

고위급 회담 거부
희토류 수출을 조이고
중국의 한국관광 외면이라는
강펀치에 당하지 않으려면

돋보기로 들여다봐도 틀림없는
국제법적인 근거를 확실히 하라
오심에 걸려들면
주먹으로 땅을 쳐도 소용없다

선거에 목숨을 건 이유

일당독제시대엔
정부관리가 출세
권력과 부의 길

외국교육을 받은 관리들
탐욕적이고 이기적이어서
출세 승진 한건 줄서기 엔조이

이기주의와 관료주의의
소굴이 된 정부
막강한 관료가 경제에 개입
시장기능 장악

사업을 관변관리 엉덩이 아래 두고
따르지 않으면 폭력배 동원
공갈 협박
정경 유착

관변경제인에게
엄청난 대가를 주고
관리들은 재산축적
서민은 빈혈증

친구를 괴롭힌 친구

왜 못생겼느냐
왜 키가 작느냐
왜 공부를 못 하느냐
왜 병신이냐

가서 사 와라
가방 들어라
돈 가져 와라
약속 어기면 죽인다

왜 모를까
내가 당하면 싫은 일
남에게 하는 것이
죄악이란 걸

그러지만 않으면
인기 만 점 떼복 짓고
천당을
여권 없이 통과할 텐데

슈퍼마켓

시장통 상인들
오전 10시도 안 돼
사람 없어
장사 안 돼
들어가세 하고 외쳐댄다

대기업의 슈퍼마켓
골목 상권까지 휩쓸어버려
영세 상인들은 상대가 안 돼
가게마다 간판이 똑같다 「세내줌」

대량으로 싸게 파니까
틈새장사가 그 값에 맞추다 보니
원금도 못 건진다

농촌이 망하고
지역경제가 망하고
인구가 절반으로 감소하는 역기능

이 작은 소읍에
슈퍼가 다섯 개
해떨어지면
산촌이 이사 온 듯 조용하다

하늘과 인간

흙이 푸석푸석 붓고
공동묘지가 시계 위를 걷는다

비가 내린다
초록이 알통을 불린다

죽어가는 것도 살리는 하늘
살려고 하는 것도 죽이는 인간

인간아 인간아
하늘 좀 배워라

유자돈

204주에 연 유자를 팔았다
600만원 계좌에 입금

가시나무 작업
김매랴
거름하랴
순 따주랴
도장지 쳐주랴

반은 땀으로
반은 피로 지은 농사
정당한 노력에 의한 대가는
부정 사기 뒷거래에 의해 번 돈
6천보다 6억보다 값지다

졸졸졸 따리다니며 자랑이다
너무나 신이 나
"oo 네 아빠, 내가 남자라면
각시 열은 얻었을 거요 호호호호."

저 소탈하고 거짓 없는 웃음은
재벌의 재산으로 사지 못할 행복

불행을 행복으로 바꾸기

추석
4박 5일의 연휴
애들이 기르던 애완견
말티즈와 푸들이 왔다

처음 온 집이라
영역을 표시하느라
펴놓은 이불에다
오줌을 쌌다

나무랄 수도 화낼 수도 없다
덮다가 그냥 들여놓은 이불이라
핑계 삼아 빨았더니
깨끗해졌다

불행을 행복으로 바꾸는 건
현실을 부담 없이 받아들여
새로운 기회로 삼는다
이불이 맞선도 보겠다

이웃

똑똑하고 잘난 남편도
미래의 희망이던 자식도
노인네를 떠났다

사람들이 다들 부러워한
돈도 명예도 권력도 없는
못나고 못생긴 이웃

말벗이 되어
혼자가 아님을 확인시켜 주고
여러 가지 소식을 주어
내가 살아 있음을 알게 하고
부침개라도 나누며
따뜻한 가슴을 느끼게 한

못생긴 나무가 끝까지 산을 지키고
날 무딘 칼이 나물을 캐고
초등학교뿐인 막내가
고기 잡아 효도하듯

내가 정성을 바친 이들은
나를 떠나고
별 볼일 없고 무관심했던 이웃이
늙고 병든 나를 보살피니
하느님은 언제나 저렇게
못난 모습을 하고 찾아오시나 보다

인생역전

세상은 나를 버려도
나는 세상을 버리지 않는다

도전해보지 않고 포기한 것이
비겁하다

늦을 때란 없다
늦을 때가 빠를 때다

위대한 선택을 하라
나와 가족과 인류를 위힌

분명하게 목표를 세우면
신비하게 방법이 나타난다

이것이 나라고 하는 한계의 파괴요
인생역전이다

신은 손이 있고

일으켜 세워주심이 있으리라

비온 뒤에 무지개 뜨고
울어본 자 만이 웃는다

권력무상

관저에서 일하시는 분
평소에 심하다 싶게
굽신거렸다

오늘 아침엔
거만하고
무시한 태도다

내가 경질되었다는 말을
나보다 먼저
들었나 보다

나를 작게 한 사람

다 큰 내가
왜소하고 초라할 때가 있다

재력이나
권력 앞에서가 아니다

단순하고 검소하게 산 사람
춤추고 노래하듯 산 사람

의젓하고
고매한 사람 앞에 서면

마을 형님

갑자기 돌아가셨다
마을 형님
지난번 만났을 때
술 한 잔 사라는 걸
웃고만 게 후회된다

돈을 쓰라는 게 아니라
선업을 쌓아
복 지으라 하신 건데

비겁한 핑계를 대며
영리한 척
주는 복도 짓지 못했다

천국은 그렇게 다가 온데도
내가 박덕하여
맞이하지 못했다
부디 좋은 나라에 드시길

집

술이
사람을 마셔버려

앞으로 두 걸음
뒤로 두 걸음

아무리 걸어도
그 자리에서 걷는 밤중에도

쓰러지지 않고
찾아가야 할 데가 있다

한 번 가보고 싶다 봉평에

메밀국수 한 그릇
비탈 밭 가을이
가락가락 풀려 있다
하얀 꽃소금 맛이 난다

구수한 콩물에서 건져 올린
긴 생명줄
허 생원 아들 동이는
국수를 먹었을까?

불방앗산 당나귀는
크고 힘찬 양물을 내놓고
배만 치다 말았을까?
한번 가보고 싶다 봉평에

털도 안 난 벤츠

독일 셰퍼드 협회가
셰퍼드 순종을
세계에다 팔아서 번 수익이
벤츠 판매 수익을 능가 한다나

비싼 은행 빚으로 공장 짖고
노조에 시달리지 않아도
셰퍼드 다리 사이에서
털도 안 난 벤츠가 나온다

참 이상하다
사람들이
셰퍼드 샅에서
농사를 짓다니

날마다 성탄절

아직도 모르는가
내 가슴에서 살고 있는
사랑의 이름이 예수라는 것

아기에게 젖을 주듯
대가없이 일어난 사랑의 마음이
부활이라는 것

머리에 담긴 지혜를 나누어 주고
가슴이 안은 사랑을 나누어 주고
상냥하고 친절한 말을 나누면

예수님은
나와 함께 거하고
나는 예수와 함께 거한다는 걸

은혜 받은 사람에게서
고마운 사람으로 태어날 때마다
나는 성탄절

일 년 중 성탄절은
하루만 아니다
하루에도 몇 번씩 성탄절이다

마태복음 4장 1~4절

돌더러 빵이 되라고 해라
성전의 꼭대기에서 뛰어내려라
내게 절하면
세상 모든 나라를 주겠다며
배고픈 예수를 유혹한 악마

그 악마의 이름이
명예요
권력이요
치부다

나는 매순간
내 욕심을 위해
예수를 배신한 악마

나를 버린 가난에
사랑을 채우면
십자가도 예수도
할 일이 없다

베드로

로마의 바티칸시국
교황청 정문에서 왼쪽
천국의 열쇠를 든 베드로상

천국의 열쇠는
베드로가 가진 게 아니다
각자 자기가 가지고 있다

몸과 말과 마음으로
이웃의 가슴을 열 때
이미 자물쇠를 연 열쇠

마태복음 18장

이제 기도하지 않겠습니다
회개하지 않겠습니다

당신에게
용서받지 못한 내 죄보다

남을 용서하지 못한
내 죄가 더 크기에

내가 기도한 대신
남의 기도를 들으렵니다

왜 그랬느냐고
따져 묻지 않겠습니다

그렇게도 어리석느냐고
무참 주지 않겠습니다

내가 당했으면

훨씬 더했으리라 생각하고

그를 받아들이고
이해하여

가슴에
주님의 영토를 넓히렵니다

지상에 내려온 천국

하나님은
아무리 기도해도
기도에 답하지 않는다

예수님을 믿고
그대로 따라하는 자에게만
기도를 들어 주신다

예수님의 눈으로 보고
예수님의 마음으로 느끼고
예수님의 행동으로 실천하면

마음이 흐뭇하고
넉넉해져
그 마음이 하늘이 된다

그게 지상에 내려 온 천국이요
내게 찾아온
하느님의 나라다

싯다르타

모여 모여 다 모여
사내라는 사나이들
장부 중의 장부
대장부를 소개할 테니까

동네 이장 선거를 해도
중상모략
회장만 뽑아도
네 편 내 편인데
생사를 떠나
인류를 구하기 위해

왕의 나라도 버리고
왕의 자리도 버리고
왕비도 버리고
왕자도 버리고
왕의 권세도 버리고
왕의 부귀영화도 버리고
왕의 가문도 버리고

자기 자신마저 버린

기어오른 달팽이가
머리에 집을 짓고
가죽을 뼈에 도배한 듯
피골이 상접한
고행의 육년
떠오르는 아침 해에 깨우치니

보시하는 삶은
지옥이 없는 극락
칭찬받고 사랑받기 좋아한
본심의 이름은 부처
베풀어 살면
누구나 다 부처요
무엇이나 다 부처라
처처불상 사사불공

부처님에게 죽음이 없으니

삶을 다하고
이승의 여행이 끝나
고향에 돌아가면

도솔천에서
항하 모래수와 같은
부처님들의 설법을 들으며
영생하기에
삶이란 자기가 지은
복업의 나라에 찾아가기 위한
나그네길

미혹과 무명에서
중생을 구하신 거룩한 부처님
출가전의 왕자
싯다르타

염화미소

부처님께서
야단법석에 올라
연꽃 한 송이 들으니
가섭존자만이 웃었다
그 꽃 내려놓으시고
설법 끝

목이 잘린 연꽃일지라도
자기가 가진
아름다움과 향기를
베푸는 게
부처라는
가장 짧고 깊은 설법

풍경소리

추녀 끝에 매달린
풍경 그리고
그 풍경소리에서 풀려 내린
부처님의 법음

일체의 존재는 바람
온대도 간대도 없는
바람의 몸이
우리네 생명

집착이 준 고뇌도 버리고
분별이 준 번뇌도 버리고
있을 때 있고
없을 때 없는 대로 사는

부드럽고 오묘한 소리
시선 끝에서 창공을 열고
한낮의 고요를 깨우는
풍경소리를 귀로 본다

법당 추녀 끝에 매달려
물도 없이 살아가는 물고기
우리네 영혼도 언젠간
그런 나라에 들리라

관세음보살상

관세음보살상
지혜롭고
원만하고
넉넉합니다

바라만 보아도
고요하고
편안하고
포근합니다

저 관세음보살상은
사랑하고 베풀 때의 내
흐뭇한 마음의 모습입니다

온갖 사물에 써진 불경

부처님은
창조하지 않는다

존재한 모든 것의
본성을 찾아내고

그것들이 인연을 맺어 서로가
이롭게 살아감을 가르쳐 주신다

서로가 아끼며 돕는 삶이
부처의 삶이라고

이르는 곳마다 가르쳐 주신다
온갖 사물에 써진 불경말씀으로

오렌지재스민

작은 오지화분에 심어
물을 주었더니
그게 어디냐며
자기를 완성한
하얀 꽃 다섯 송이
온 방을 가득채운 향기여
나눌 줄 모르는 나는
얼마를 더 살아야
꽃이 될 거나

자기 영토란 게
화분 하나뿐이어도
부러워하거나
불평하지 않고
거름 냄새를
향기로 바꾼 오묘함이여
하루를 살아도
너를 따를 수 있다면
내 인격도 향기로울 것을

그 말이 잊혀 지지 않는다

그 말이 잊혀 지지 않는다
어떤 착한 사람이
저승사자의 안내를 받아
지옥 구경을 갔다

끓는 물에 삶아지고
얼음 칼에 찔리고
너무너무 고통스러운
아비규환

불쌍타 불쌍해
단 10분 만이라도
내가 대신할 수 없을까 하고
착한 마음을 내다 눈을 뜨니

지옥이 없어져 버렸다
착한 마음 한 가닥만 내어도
영혼을 지옥에서 구하고
지옥마저 없애 버린다는

지옥이 없습니다

땀 흘려 일하고
배고프면 밥 먹고
졸릴 때 잡니다

받을 것도
줄 것도 없습니다

부러운 것도
욕심난 것도 없습니다

두려울 것도
무서울 것도 없습니다

죄가 없어
지옥이 없습니다

나와 더불어 사는 나

철이 드나보다
칭찬을 들어도
남들도 다 그 정도는
하는데 뭐

미워해도
미운 짓 했으면 미움 받고
미워할 이유가 없는데 미워하면
남을 미워한 죄를 자기가 짓고
그 죄에 끌려 자기가 지옥에 가니
그건 내가 관여할 바 아니다

거칠게 쏘아붙이면
자기 이익에 상반되나 보다
그럴만한 이유가 있겠지
전생에 얽힌 업이야
모르는 사실이니까
자기에게 맡겨 두고
무심히 먼 산 본다

수줍은 달빛 반갑고
찾아온 바람 안으며
그들과 더불어 사는 나

지금은 포란 중

내가 깨이면
내가 신이 된다

이것이 내게서 일어난
나비다

지금은 포란 중
오늘도 나를 포란한다

내게서 내가 태어난 날
나는 나의 어머니

내가 태어나야
세상이 태어나고

내가 아름다워야
세상이 아름답다

어떡해

어느 누가 못살고 싶을 거나
기를 쓰고 살아도
안 되는 걸 어떡해
통장이 좀 불었다 싶으면

미리 꺼내 쓸 일 생기고
더 급한 일이 생기고
할 수 없이 꺼내 쓸 일 생기고
몇 차례 그러고 나면
모아진 것도
꺼내 쓸 것도 없는 그저 그 자리

세월은 젊음을 강탈하고
주름살과 흰머리만 남겨 놓으니
죄 없이 착하디 착하게
선업이나 짓고 살아야지

슬퍼하면 껴안아 주고
눈물도 닦아주고
부드럽고 친절한 말도 해주면서

웃을 수 있어요

가난하지만
모든 게 다
가난한 건 아니랍니다.

웃을 수 있어요
좋은 생각 다정한 친절
위해 주는 가슴을 나눌 수 있어요
작은 것에 의미를 부여하고
행복해 할 줄도 알아요
목표가 있고 의지가 있어요
도전할 수 있어요
동정에 대해선 거절할 수 있어요
부자가 되고 싶을 때도 있어요
돈을 벌기 위해서가 아니라
흥정거리고 쓰면서
남의 부러움을 사기 위해서가 아니라
꼭 필요할 때 쓰기 위해서랍니다
내가 하는 일을 즐길 줄도 알아요
그 일이 남을 돕는다는 것도 알아요

내가 자만심에 차 있을 때
이웃이 웃는 웃음이
내가 피운 꽃이에요

그래서 가난한 우리 집에도
해가 뜨고
죽은 데 없이 잘난 보름달이
찾아오기도 하고요
할미새가 꽁지깃 까닥거리다 떠난 뜰에
꽃이 피어
지나가다 들린 이웃을
향기로 감싸 안기도 한답니다

도리도리 (道理道理)

나 어릴 때
엄마는 도리도리를 삭혔네
아무 뜻도 모르고
고개만 따라 돌렸네
그래도 엄마는
웃으시며 좋아하셨네

이제야 알았네
하늘의 이치
땅의 사랑을 배워

내가 왜 살아야 하는지
무엇을 하며 살아야 하는지
어떻게 살아야 하는지

이쪽저쪽 잘 보고
하늘 배우고 땅을 배워
지혜롭게 살란 뜻임을

반찬 붙인 날

김칫거리 사오랴
손질하여 절이랴
씻어서 헹구랴
양념 갈아 만드랴

가게 문 열었다 닫았다
집에까지 왔다 갔다
몇 번이던가

김치 담그고
회 뜨고
초장 만들고
갈비 찌고
밥도 찌고
과일도 사 담고

포장한 짐이 세 박스
차 시간에 늦을세라
오층 계단 오르락내리락

저녁에 먹는 점심에 반찬이
없다

그래도 전화할 땐
번거롭고 힘든 것 알면
체할세라
별 것 아니다 먹어봐라

코미디언 이주일

그가 세상 뜨자
웃음도 다 따라가 버렸다

그의 코미디 한 마디는
요순임금도 세우지 못한 나라

한바탕 실컷 웃고 나면
천국의 돼지가 된 나

그가 떠나자
웃음이 먼저 떠났다

안데르센

아버지는 구두수선공
어머니는 알코올 중독자
못생긴 외모에
아버지에게 시달린 우울증
평생을 사랑했으나
결혼하지 못한 짝사랑
가난에 찌든 가정을
아름다운 감성으로 승화한
안데르센

썩은 거름냄새를
향기로 바꾼 장미랄까
돌을 갈아서 만든
보석이랄까
외모는 못 생겨도
천성이 천사인 사람

룰라 브라질 대통령

거리가 학교인 소년
아버지는 부두 노동자
팔 남매 중 일곱째
배곯기 싫어
짐짝 같은 구두 통 메고
일곱 살 때부터 구두닦이
땅콩 팔이
공장노동자

스물넷에 꾸린 가정
병든 만삭의 아내
치료도 못 받고 사망
반년을 두문불출

노동자가 되어
노조활동에 매달리다가
대접받는 인간세상을 만들겠다고
노동자당을 만들고
네 번의 도전 끝에 대권

루이스 아나시우스 룰라 시우바
브라질 대통령
구두 통을 대통령으로 바꾼
인간승리자

찰스 피니

찰스 피니
세계적 면세점 공동창업자
기부금 사조 원

본인명의
집도 자동차도 없다
팔뚝에는 플라스틱 시계
허름한 식당에서 식사 해결
비행기도 보통석

돈은 매력적이지만
한 발에 두 켤레의
신발을 신을 수 없다
플라스틱 시계도 잘만 맞는다
문 여섯 개의 캐딜락은 사치다

부유한 것만 알면
불명예에다 무덤 쓰고
나눠주고 가난하면
살아서부터 천국이다

연못가에서

햇살은 연꽃의 출산을 돕고
반짝이는 바람의 미소가
향기를 담은 접시를 나른다

연못 속의 금붕어가
구름의 창자를 뒤져
풍경소리의 전설을 물고 나온다

해는 그림자 뒤에서 지고
모든 숨결에 자리를 편 어두움
머리 딴 별들이 베개에서 꿈을 긷도록

뻐꾸기가 울지 않는다

봄의 자리에
첫여름이 들어서는데
뻐꾸기가 울지 않는다

농약에 중독됐더냐
건너가다 치였더냐
빌딩 모서리에 부딪쳤더냐

뻐꾸기 소리 들리지 않으니
길을 가다 뒤돌아보던 고향을
잃어버렸다

장욱진 화백의 그림 '아이'

아이는 생각을 비워
머리가 열려있다
본 것마다 신기해
얼굴의 반이 눈이다

해야 할 일
살아가야 할 일이 같아
몸통과 팔의 굵기가 같다

과학 문명의 현대인이라
버튼 누를 손가락 둘이면 그만

인간의 미래가 두려워
처진 뒷발을 앞발이 끌고 간다

생각하고 있다
더 간단하고 편리하게 살 수는 없을까

단풍잎

가을이 그냥 갈 리 없다
천등산에서 앞발을 내밀더니
화단 위를 걸어 다닌다

어느 잎이나 푸름 일색이더니
자기의 본성을 찾아낸 빛깔
울긋불긋 요란한 단풍잎

사막의 진행

고비사막이
바람을 타고
서해를 건너와
무덤을 쓴다

어쩌면 좋아
고비사막이
해마다
몸을 부풀리고 있으니

안과
이비인후과에 줄을 선다
하늘이 병색이다
중생대가 다가온다

달팽이

달팽이의 외출이다
느리게도 걸어간다
새벽부터 해거름까지
풀잎 한 장을 다 못 간다

그렇게 살아도
남을 해친 적이 없으니
하늘빛이 쌓인 풀잎에서
천국을 간단다

두꺼비 두 마리

수 두꺼비가
암 두꺼비에게
몸무게를 실리고
앞발로 가슴을 조였다

숨이 코끝에서 오가고
엉금엉금 힘들게 기어도
암 두꺼비는 알고 있다
행복은 고통 아래 있다는 걸

죽은 붕어

강물
쓰레기 더미
죽은 붕어

퉁퉁 부은 몸
일어선 비늘
썩어가는 눈

물 위에 떠 있는
죽은 붕어에서
인간의 미래를 본다

능가사 편백숲

능가사 편백숲
잎의 옆구리에서 태어난
피톤치드
청록 빛 날개로
폐부의 안방으로
떼 지어 들어와
숨결을 빨래하고
피를 헹군다
세포는 젊어지고
생명에 새순이 돋는다

안개 낀 소록도

안개는 참 신비하다
그 부드러운 가슴으로 감싸
소록도를 품에 넣는다

안개는 산 중턱에 머물러
산정이 구름 위에 솟아
낮은 산이 구름보다 높다

안개가 자욱한 날
안개의 입술에 숲은 눈감고
사랑의 멜로디는 황금빛이다

짧은 꼬리를 털고 있는
새끼사슴의 배에다
하얀 무늬를 새긴 자기 이름

제3시대

아는가
제3시대
두뇌강국시대

돈 빌린 건 창피하지 않아도
글 모르는 건 창피해
교육 강국을 만들더니

자원빈국이요
분단국이요
자금이 없어도

머릿속에 세계를 집어넣고
지배한 분야마다 지도를 넓혀
전쟁 없이 대제국을 건설한

신이 강림하리라
세계의 지도자국이 된 이 나라에
밥그릇마다 신통한 힘을 담으려고

고흥김치

푸덩푸덩 탐진 무 잎을
한 단 사
소금에 절여
맑은 물이 줄을 타게 헹군다

젓국은 전혀 없이
풋고추 밥 마늘을 갈아 넣고
다시마 멸치를 삶은 물에 담근
고흥김치

정성이 모자란 듯
맛이 없을 듯
촌스러운 듯
품위 없어 보이지만

하루정도 삭히면
거지의 품바타령처럼
풍자적인 감칠맛이다
김칫국까지 마셔버린다

우리가 사는 동안
별로인 듯 시시한 즐거움도
그렇게 만만한 게 아니다
적어도 소중한 행복이다
고흥의 문화유산이다

야누스 코르작 선생님

삶도 함께
죽음도 함께
이백 명 아이들 손을 잡고
가스실로 들어가
죽음을 함께한
야누스 코르작 선생님

지금은
생사가 없는 천국에서
그 아이들과 선생님
얼마나 즐겁게 공부하고 있을까

조용할 땐 개들의
떠드는 소리 들릴 듯하고
그 선생님의 미소가 보일 듯하다

자전거 교실

처음엔
다 그래
처음부터
잘 탄 사람은 없어

넘어지고
넘어져도
다시 타는 거야
넘어지기 위해 타는 것처럼

조금씩 나아질 거야
잘 타게 되면
자전거가 날 태운 게 아니라
내가 자전거를 타는 거야

손을 놓기도 하고
타고서 들기도 하고
외발자전거를 타면서
인생을 서커스 하는 거야

사람은 사람이 된다

사물이 존재하는 이치
하나같이
사랑하고 베푸는 것

이것을 가르쳐 주신 성인이
예수요
부처다

사랑하라
베풀어라
같은 말씀이다

성인이 있고
경전이 있어도
스승이 없으면 진리가 아니다

스승이란

사실을 밝혀내고

배움을 실천하게 한다

사람은

사람에게서 배워

사람이 된다

중환자실에 가서 물어 보세요

일어나고 싶을 때
일어날 수 있는 것도
축복입니다

혼자서
화장실에만 다녀올 수 있어도
축복입니다

찬물에 말은 밥
풋고추에 된장이라도
맛있게 먹으면 축복입니다

갈증 날 때
큰 사발에 넘친 막걸리를
단 숨에 따른 것도 축복입니다

불을 끄고
깊은 잠을 잘 수만 있어도
축복입니다

길가에 핀 꽃을
무심히 바라 볼 수 있는 것도
축복입니다.

일상은 축복으로 가득 차 있습니다.
물고기가 물을 모르듯이
있는데도 느끼지 못할 뿐입니다.

울 아빠

온 세상에 하나뿐인 울 아빠
나를 맨 처음 안아준 남자
나를 예뻐하고 사랑하고
부디부디 잘되기를 바라는
울 아빠 같은 사람이라면
나는 나는 결혼할 거야

멀리 떠나 있을 때도
울 아빠 가슴속에 있고
전화기에서 목소리만 들려도
앞에 계신 듯 보이는 울 아빠
그런 사람이라면 나는
울 아빠 존경하듯 존경할 거야